CERDDI LLOERIG

ARWYR!

Cerddi am y dewr a'r dawnus

Gol: Myrddin ap Dafydd

Golygydd: Myrddin ap Dafydd

(h) y beirdd/Gwasg Carreg Gwalch

(h) y lluniau: Siôn Morris

Argraffiad cyntaf: Gorffennaf 2008

Rhif Llyfr Safonol Rhyngwladol:
978-1-84527-115-2

Cynllun clawr a'r lluniau tu mewn: Siôn Morris

Mae'r cyhoeddwyr yn cydnabod cefnogaeth ariannol
Cyngor Llyfrau Cymru

Argraffwyd a chyhoeddwyd gan Wasg Carreg Gwalch,
12 Iard yr Orsaf, Llanrwst, Dyffryn Conwy, LL26 OEH.
☎ 01492 642031
🖹 01492 641502
✆ llyfrau@carreg-gwalch.com
lle ar y we: www.carreg-gwalch.com

Cynnwys

Cyflwyniad

Mae rhai pobol yn dweud mai rhywbeth sy'n perthyn i fyd plant yw 'arwyr'. Plant, wedi'r cyfan, sy'n edrych i fyny at sêr y byd chwaraeon, sêr y byd pop, sêr y byd ffilmiau ac yn breuddwydio am dyfu i fyny i ddynwared talent a llwyddiant un o'r sêr hynny. Mae oedolion wedi rhoi'r gorau i freuddwydio am bethau felly – mi fedraf gofio'r diwrnod yn iawn pan wawriodd arnaf i o'r diwedd na fyddwn i byth yn gwisgo'r crys coch ac yn chwarae rygbi dros Gymru.

Ond mae'r syniad o 'arwr' (neu 'arwres' wrth gwrs) yn llawer ehangach na hynny, wrth gwrs. Mae'r cerddi yn y casgliad hwn yn mynd â ni at arwyr o fewn y teulu, arwyr dychmygol ac arwyr go iawn sydd wedi brwydro yn erbyn anawsterau caled. Mae hyd yn oed collwyr i'w cael yn y cerddi hyn! Wedi'r cyfan, nid yr arwyr sy'n ennill bob tro . . .

Myrddin ap Dafydd

A fo ben, bid bont

Bendigeidfran, – wel dyna i chi foi!
Pan oedd pethau yn anodd, wnaeth o ddim cyffroi.
"Dim pont i groesi y dŵr, twt lol,"
meddai â gwên a throi ar ei fol.
Roedd o'n gawr o ddyn 'n ôl yr hanes a gaed
a throsto â'i filwyr heb wlychu eu traed.

Os am ddarllen yr holl stori,
'drychwch yn *Y Mabinogi*.

Valmai Williams

9

Mus Gruffydd

Mewn cartref i hen bobol
heb deulu yn y byd;
dim ond rhyw ffrind neu ddau sy'n dod
i'w gweld o bryd i bryd.
Ond gwn fod ganddi ffans di-ri
sy'n dal i sôn amdani hi.

Roedd yn yr ysgol feithrin
blant ddigon drwg a blin,
dim problem i athrawes dda
a wyddai sut i'w trin.
Mus Gruffydd, mae eich ffans di-ri
yn dal i sôn amdanoch chi.

Yr orau am ddweud stori,
pob dydd yn llawn o sbri
yng nghwmni un roes gychwyn da
i lawer un fel fi.
Mus Gruffydd, mae eich ffans di-ri
yn dal i sôn amdanoch chi.

Fe hoffwn gynnig medal
neu wobr am ei gwaith
yn dysgu plant y fro â gwên
drwy'r holl flynyddoedd maith.
Mus Gruffydd, mae eich ffans di-ri
yn hynod ddiolchgar, coeliwch fi.

Valmai Williams

11

Ieuan Cogsio

(Fy arwr bach dychmygol)

Mae Ieuan yn byw dan y soffa
efo'i fam a'i dad yn tŷ ni;
os gorweddaf i ar fy hyd ar fy mol
mi fedraf eu gweld – un, dau, tri.

Weithiau daw Ieuan i chwarae
a chosi fy nghlustiau a 'ngwar.
Dro arall, mae'n brysur yn helpu ei dad
dan y soffa, yn golchi'r car.

Daw blaen y bonet i'r golwg
yn fentrus i'r gegin fawr;
a'i fam o yn gyrru'n ofalus iawn
ar hyd y patrymau'n y llawr.

12

Ond p'nawn 'ma, daw Ieuan am dro bach
ac eistedd ar big fy nghap –
mi gariaf i'r picnic at 'Rafon Bach
tra darllena Ieuan y map.

Ac os bydda i'n mynd ar wyliau
heb Mam i ryw le pell, pell,
bydd Ieuan yn cael dod efo fi
i wneud i mi deimlo'n well.

Ond er mai 'mond fi sy'n ei weld o,
tydwi 'myn mynd o 'ngho!
Achos tra bo Ieuan yn ffrind bach i mi,
rydw innau yn ffrind iddo fo.

Elin Alaw

13

Gwisgo'n ffansi

Be' gawn ni'i wneud ar dywydd mor giami?
Be' am i ni . . . sbïo'n y bocs gwisgo'n ffansi?
Mi drown ni y bocs â'i ben ucha' yn isa'
a thyrchu i ganol y doman ddillada'!
Gawn ni chwarae'n fan hyn am weddill y p'nawn
a smalio ein bod ni yn arwyr go iawn . . .

Mi wisgaf gôt werdd 'fatha siani flewog,
a chditha' fat gwlân 'fatha dafad Llanwennog.
Neu be' am gap pig gloyw i fod fel Huw Puw,
a sgidia' bach a bycla', a'm llaw i ar y llyw?
Gwisga ditha' fetgwn a ffedog a phais,
wedyn baner draig goch 'draws dy gefn, fel Glyn Wise.

Rŵan, lapia di fi yn y gynfas wen 'ma
tra clyma i ruban o aur rownd fy mhen a
dy-ryyy! 'Dwi'n Archdderwydd! Reit, tyrd i'r ciw
yn dy ŵn nos las, rwyt ti'n un o'r criw
sy'n llechu mewn pebyll; 'dan ni'n feirdd a chantorion
ar orsedd y bync yn ein welingtyns gwynion . . .

14

. . . Y fi sy'n cael codi i ganu'r corn hirlas,
a chdi ydi byddin Jemeima Nic'las!
Ti wedi troi'n borthmon – cer â'th bres i'w fancio
efo'r Eidion Du tra 'dwi inna'n swancio
mewn sbecdol dywyll a llodra llydan –
na, na, nid fel Elvis – fel Dafydd Iwan!

Robin Hŵd ydw i nesa', na! Owain Glyndŵr –
a chdi 'di Rapwnsel yn gaeth yn ei thŵr . . .
'Dwi'n angel, ti'n Herod, 'dwi'n darllan newyddion,
y chdi 'di pen bandit y Gwylliaid Cochion!
'Dwi'n beilot awyren, felly dowch 'laen hogia' –
'dan ni'n hedfan i Denyrîff am wylia'!

Ond daw amser noswylio, cael bath a llnau dannadd,
A *fi* ydw i ar ôl tynnu oddi amdanaf . . .
a *chdi* wyt titha' reit siŵr erbyn hyn
a'th lygaid clws wedi cau yn dynn.
Ac ar ôl sws a swatio'n glyd,
mae Mam yn dweud ein bod *ni'n* werth y byd.

Elin Alaw

15

Creu argraff

Oes gennych chi arwr, chi gregyn gleision?
Na, neb ond yr eog a'i gampau'n yr afon.

Oes gennych chi arwr, eogiaid braf?
Dim ond llam y dail hyd dorlannau'r haf.

Oes gennych chi, ddail, ryw arwr liw'r tân?
Dim ond fflach o Fehefin mewn eithin mân.

Oes gen tithau dy arwr, flodyn yr eithin?
Y mynydd ei hun; fy nghrud a'm cynefin.

Ac oes gen *ti* arwr, ti fynydd mawreddog
sy'n gawr ac yn deyrn dros fy fryniau ardderchog?

Fy arwr i yw'r tatŵs hyd fy nghreigiau;
maent wedi creu argraff, yn un fflyd o ffosiliau.

Elin Alaw

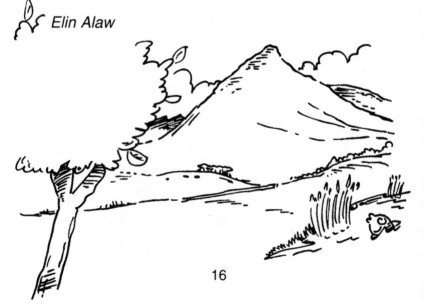

16

Gwahanol

(Wrth gofio am Taid, a oedd yn heddychwr, a wrthododd fynd i ymladd i'r Ail Ryfel Byd, ac a benderfynodd hyfforddi i fod yn nyrs.)

Pan aeth hogiau ifainc, yn ddewr, i ryfel,
mi gerddodd un dyn
yn groes i'r dorf.

Pan 'sgyrnygodd hogiau ifainc arno'n ddirmygus,
dymunodd un dyn iddynt
Heddwch.

Pan aeth hogiau ifainc yn un lleng er mwyn lladd,
gofalodd un brawd
am eu briwiau.

Pan aeth hogiau ifainc, yn ddewr, i ryfel,
mi fentrodd, mi fynnodd hwn
fod yn wahanol.

Elin Alaw

17

Arwyr

'Bwli Bocsiwr' yn arwr mawr:
Bwrw pawb yn fflat i'r llawr;
John 'y mrawd yn arwr mwy:
Byta jeli heb ddim llwy.

Dyn mewn roced yn mynd i'r lloer
Yn gwibio'n chwim i'r bydysawd oer;
John 'y mrawd yn llawer gwell
Poeri pips afal yn bell, bell, bell.

Gwleidyddion pwysig llawn diarhebion
Yn neud dim byd i helpu'r tlodion;
John 'y mrawd (pob parch a bri):
Yn rhoi ei farblis ola i mi.

Spiderman, Batman, Rhita Gawr
Tarzan a sêr y ffilmie mawr;
Ma'n nhw gyd yn ddi-ddim yn tŷ ni
Achos John 'y mrawd yw'n arwr *i.*

Dewi Pws

18

Syr

Pan dyfaf i yn fawr cyn hir
Mi hoffwn fod fel Syr yn wir.
Mae'n glyfar! Mi ŵyr ef o hyd
Yr ateb iawn i'r syms i gyd.
Mae Syr yn gampus ar y wê
Mae Syr yn gwybod be di be
Mae'n gwybod pwy sy'n ddrwg bob tro!
Ac os oes creisis mawr, mae o
Yn gwybod wastad beth i wneud
Yn gwybod wastad beth i ddweud;
Mae Syr yn gwisgo tei bob dydd,
A gyrru car sy'n cŵl, a bydd
Yn gwneud yn siŵr i chi
Mai'r ysgol orau yw'n un ni . . .
Pan dyfaf i yn fawr, wir yr
Mi hoffwn innau fod fel Syr!

Ruth Pritchard

19

Dr Who

Nid ciwbicl cael cawod
Sydd yn ein bathrwm ni,
Ond *Tardis* yn y gornel,
A'r Doctor ydwyf i.

Mi fydda i yn teithio
Ymhell tu mewn i hwn,
Yn ôl . . . nôl i'r gorffennol,
Peryglus iawn, mi wn!

Caf gwrdd â myrdd enwogion
O'r oesoedd maith a fu,
A theithio i'r dyfodol
Ar anturiaethau lu.

Bob math o anghenfilod,
Rhai'n hyll, a rhai yn gas
Sy'n ceisio fy nifetha
A'm herlid i ar ras.

20

Twll du yw'r bath yn barod
I'm sugno innau lawr,
A *Cyberman* yw'r cwpwrdd,
A'i ddau hen lygad mawr.

Bwystfil ydyw'r tywel
Sy'n medru troi yn wrach,
Bîm laser ydyw'r golau,
A *Dalek* yw'r tŷ bach.

Ond 'does na neb yn glyfrach
Na minnau'n siŵr, o hyd,
A llwyddo fyddaf i bob tro
I achub ffawd y byd.

Mae pawb, yn wir yn lwcus
Mai'r Doctor ydwyf i,
Yr arwr dewr o'r *Tardis*
Sydd yn ein bathrwm ni.

Ruth Pritchard

21

Bleddyn

(Yr arwr anweledig)

Dim ond fi
Sy'n medru gweld Bleddyn!

Mae ganddo wallt melyn
Fel mwstard!
A chrys T coch
A llun *Superman* arno.

'Ryn ni'n dau
Yn ffrindiau pennaf.

Cawn hwyl
Yn chwarae gemau,
A gwylio'r teledu fin nos
Er . . .
Nid yw Bleddyn
Yn barod i fynd i'r gwely
Bob tro pan fydd Mam yn dweud
A mae'n gwneud i mi
Beidio mynd!

Mae'n ddrwg, weithiau,
Yn gadael crystiau ei frechdanau
Yn bentwr cywilyddus
Ar fy mhlât i
Neu'n anghofio
Cau tiwb y past dannedd
A gadael neidr ohono
Yn y sinc.

Ac mae Mam
Yn dwrdio'n aml,
Am iddo adael
Olion bysedd jam
Yn smotiau stici
Ar ffrâm y drws.

Mae'n fy helpu
I wneud fy symiau,
Ond yn cael
Un neu ddwy yn anghywir
Ambell dro!

Ac unwaith
Anghofiodd gau iet y cefn . . .
A dihangodd y ci!

Ond . . .
Ar noson dywyll
Pan na ddaw cwsg,
A'r gwynt yn creu synau od
Y tu allan,
A "Hw Hw"
Hen dylluan yn codi arswyd,
Pan fydd
Neb arall yno,
Mae'n gwmni da
I mi.

Ruth Pritchard

Dewi Pws

O! rwy'n hoffi Dewi,
Fy arwr ydyw 'e,
Mae'n wastad yn gwneud i mi
I chwerthin dros y lle!

Mor ddigri mae a'i driciau
A'i jôcs, rhai da o hyd,
Yn siŵr, ef yw y person
Digrifa yn y byd!

Mi hoffwn fod yn debyg
Iddo wir, a gyda llef
Gofynnais "Mam, a gaf i sbectol
'Run peth a'i sbectol ef?"

Mi ges, ac wedi gofyn
Ces het fach swel 'n y dre,
Yn union fel un Dewi,
Edrychwn jest fel fe!

Ond siom a gefais . . . "Na"
Roedd ateb Mam yn hallt
Pan holais i un diwrnod
"A gaf i 'run steil gwallt?"

Ruth Pritchard

25

Wil a'i ddyfais wyrthiol

Oherwydd fod Wil Bach yn poeni
Am ddaear sy'n mynd yn rhy boeth
Meddyliodd rhyw noson am ddyfais
A honno yn ddyfais pur ddoeth.

Bu wrthi am fisoedd yn weldio
Mewn sied fawr yng ngwaelod y stryd
Fe greodd o oergell anferthol
I roddi o amgylch y byd.

A gwthiwyd y byd mewn i'r oergell
Rhyw ddiwrnod gan ddeg JCB
Ond corn ein tŷ ni oedd rhy uchel
A rhaid oedd ei lifio â lli.

Y drws oedd ar gau yn y pnawniau
I gadw'r tymheredd i lawr
A'i agor pan fyddai y lleuad
Yn gwenu am bump neu chwe awr.

Mae Wil erbyn hyn yn filiwnydd
Ar ôl yr holl weithio a'r straen
A phrynodd rhyw *Villa* anferthol
Yng nghanol yr eira yn Sbaen.

Eilir Rowlands

26

Fy arwr

Fy arwr sy'n 'nisgwyl i adre
O'r ysgol bob dydd wrth y giât,
Mae'n syllu pan fytai fy swper
Gan ddisgwyl cael llyfu fy mhlât.

Mae'n cysgu bob nos dan fy nghader
Ond unwaith dihangodd yn slei
Ac agor y drws yn y cwpwrdd
A bwyta'r holl gaws a mins pei.

Pan mae hi yn oer yn y gaeaf
Fe ddaw draw i'r llofft ataf i
Ond Mam sydd yn dwrdio'n y bore
Wrth weld rhyw ôl traed a blew ci.

Os byddai'n cael ffrae gan rhyw athro
A phopeth o'i le yn fy myd
Caf fwythau gan Mot 'rôl mynd gartre
A'i gynffon sy'n siglo o hyd.

Eilir Rowlands

Dyfeisiwr odlau

Pwy ddechreuodd odli geiriau
'Nôl cyn amser ein cyn-deidiau,
Ai mewn coeden gan rhyw fwnci
Neu mewn ogof gan rhyw fabi?

Ym mha iaith yr odlwyd gynta,
Ai wrth gysgu neu wrth hela,
Ai wrth grio neu wrth chwerthin,
Ai ar long neu mewn rhyw gegin?

A yw adar bach yn odli
Pan yn canu neu ymolchi,
Pwy all ddweud nad yw pysgodyn
Yn barddoni neu wneud englyn?

Meddwl weithiau a yw epa
Yn gwneud limrig ar ôl bwyta,
A yw iâr yn gwneud penillion
A chreu odlau gyda'i chywion?

Hoffwn feddwl mai rhyw Gymro
Greodd odl wrth fyfyrio,
Oni bai fod hyn 'di para
Fyddai'r gerdd hon ddim yn fa'ma!

Eilir Rowlands

28

Galw enwau ar grocodeil

Ar ôl croesi'r afon
A 'nhraed yn sych ar lawr
Hawdd iawn dweud wrth grocodeil:
"Ti'n goblyn o geg fawr!"

O bont ddiogel, uchel,
Hawdd chwerthin am ei ben
A gweiddi lawr o uchder mawr:
'Hei ti, y gynffon bren!'

Ond Gwydion Siarad Plaen –
Hwnnw ydi'r un,
Mae'n dweud "Ceg Fawr" a "Chynffon Bren"
Wrth drwyn y croc ei hun!

Myrddin ap Dafydd

29

Cyfle unwaith eto

(Cais James Hook, 17 Mawrth, 2007)

O grombil y stadiwm
daw Monstyr-tryc fflamgoch i'r cae
a rhuo-ganu'r anthem
yng nghwmni'r hen arwyr
sydd wedi deffro eto.

Wal fetel yn dilyn y gic,
olwynion llydan yn dwyn tir
a gwthio'r gelyn i gornel.

Y gwningen wen yn ceisio ffoi
ond mae'r Wyddfa gyda 10 ar ei gefn
yn rhwystro'r bêl.

Ras am y trysor
a'r Cymro yn llamu am y cais.

Taran drwy'r terasau.
Storm y gaeaf llwm drosodd
a'r haul yn gwenu drachefn.

*Blwyddyn 4 a 5, Ysgol Trelyn,
mewn gweithdy gyda Myrddin ap Dafydd*

Ar ôl colli

Wrth adael cae, mae'r pennau'n isel,
A'r llygaid ar y llawr,
Y gelyn wedi'n curo!
A'r tîm yn methu coelio
Mewn siomedigaeth fawr.

Mae'r rhes cefnogwyr oedd yn gwylio
Yn curo dwylo'n brudd
Gan ddweud "Da iawn 'chi hogiau,
Mi wnaethoch chi eich gorau –
Nid heddiw oedd eich dydd."

Pob cyfle da a aeth yn wastraff,
Pob cic a aeth yn gam,
Pob pâr o ddwylo'n llithrig
Pob tacl yn ddigynnig
A'r tîm i gyd heb fflam.

Mae'n dawel yn y stafell newid
A phob un am y tristaf,
Ond yna, Siôn sy'n codi,
Cau'i ddwrn a dechrau gweiddi:
"Hei lwc, y Sadwrn nesaf!"

Myrddin ap Dafydd

31

Problemau bach

Mae Dad yn chwerthin wrth stopio'r car
A gweld fod 'na byncjar bach;
Aiff allan i'w newid yn y glaw –
Yn falch o gael awyr iach!

Mae Mam yn gwenu wrth agor drws
Y popty cyn te prynhawn;
Wrth weld y dorth yn golsyn du
Mae'n dweud bod ei gwaelod hi'n iawn!

Mae Musus Huws, ein hathrawes ni,
Yn giglo wrthi ei hun
Pan gollaf baent dros gofrestr y plant –
Gan ddweud 'bod hi'n hoffi'r llun!

Mae Dewyrth Dei yn gweiddi "hwrê!"
Pan mae'r bêl yn chwalu'i dŷ gwydyr
Gan ddiolch na fydd dim rhaid iddo'n awr
Lanhau'r ffenestri budur.

Y rhai sy'n gweld y golau gwyn
Er bod nos o'n cwmpas ni
Na wnân nhw sŵn mawr am broblemau bach
– Y nhw yw fy arwyr i.

Myrddin ap Dafydd

Gwarchod

Mae Mot, ci ni, yn hen a chloff,
Mae'n hepian wrth y drws ar sach;
A phawb yn cwyno wrth ei weld –
"Wel wir, dos o dan draed Mot bach".

Ond pan fydd Taid yn mynd am dro,
Efo'i gap a'i ffon, tua'r ddôl,
Bydd Mot yn codi'n herclyd hen
Ac yn mynd dow-dow ar ei ôl.

Un dydd roedd pryder mawr am Taid,
Ddaeth o ddim yn ôl erbyn te.
Galw'i enw, chwilio 'mhob man,
Pawb yn gwibio'n wyllt hyd y lle.

Fin nos roedd rhyw sŵn wrth y drws,
"Dyma Mot â chap yn ei geg –
Dangos i ni ble cest ti hwn."
Arweiniodd 'rhen gi'n ara deg.

O! roedd Taid wedi torri'i goes
Ar waelod yr hen ddibyn mawr,
Ond roedd ei fêt yn gwarchod Taid –
Ac mae Mot yn arwr yn awr!

Dorothy Jones

Bywyd newydd

(Wedi i Gymru guro Gweriniaeth Tsiec 3 i 1, Medi 2007)

Hen ddynion
a'u pennau'n isel a'u cefnau'n dost
sy'n llusgo cerdded linc-di-lonc
yn ôl i'r cylch canol.
Colli o un gôl –
Mae'n anodd dod yn ôl.

Mae'r ddraig yn y canol
yn gweld pethau'n wahanol:
yn gweld ynysoedd mewn cewri o donnau,
yn gweld bylchau drwy'r mynyddoedd creigiog
a llwybrau drwy'r goedwig dywyll.

34

Cwningen o bas
mor gywir â golffiwr
yn cael twll mewn un.

Mae'r crys coch rhif wyth ar dân gwyllt
fel tarw drwy'r amddiffyn.

Gwennol o gic
droed chwith a'r rhwyd yn dawnsio.

Mae'r capten fel plentyn eto,
yn haul o glust i glust.

*Blwyddyn 6, Ysgol Glan Cleddau
mewn gweithdy gyda Myrddin ap Dafydd*

Achub y gath

Ym mhen draw'r ardd ar fore o haf,
Mae Twts fy nghath yn chwarae'n braf,
Yn dychryn titw, yn stelcian yn hy',
A gwylio'r wiwer wrth ymyl y tŷ.

Aiff y wiwer fel saeth i fyny'r goeden,
A Twts ar ei hôl, mor sydyn â mellten.
Mae'r gath ar y gangen yn dechrau crynu,
A'r wiwer lwyd wedi hen ddiflannu.

Ddaw Twts ddim i lawr, ofn symud 'run troed,
(Dydi cathod fel hi heb arfer â choed).
Er ei themptio â bisged, tiwna a llaeth,
Symudith hi ddim – i'r gangen mae'n gaeth.

Mae'n dechrau nosi, a griddfan yn wan
Mae Twts y gath – ofn mentro o'r fan,
Methu symud cam, methu edrych i lawr,
Meddai Dad, "Bydd hi yno tan y wawr.

Ffoniaf naw naw naw!" Ac ymhen dim
Daw'r dyn tân ar frys. Mae'n dringo'n chwim
I fyny'r ysgol uchel fawr,
A hwrê! Mae Twts yn saff ar y llawr.

O diolch ddyn tân am achub cath ffôl,
A dod â hi'n ddiogel ataf yn ôl.
Rwyf newydd benderfynu yma'n awr
Mai dyn tân rwyf am fod pan dyfaf yn fawr.

Zohrah Evans

37

Da 'di Dad

Mae tad Glyn yn fawr,
Mae tad Dei yn fwy
Ond fy nhad i yw'r mwyaf.

Mae Taid yn ganwr da,
Mae Bryn Terfel yn ganwr gwell
Ond Dad ydi'r canwr gorau.

Mae'n dyn glo ni'n gryf,
Mae El Bandito'n gryfach
Ond Dad ydi'r cryfaf.

Rydw i'n gallu cicio'n bell,
Mae Giggs yn cicio'n bellach
Ond Dad sy'n cicio bellaf.

Rydw i yn gwybod llawer,
Mae Mam yn gwybod mwy
Ond mae Dad yn gwybod popeth!

Dorothy Jones

38

Perthyn

Dach chi'n dda am chwarae pêl-droed?
Ro'n i gyda'r gorau erioed
O blith blwyddyn dau a thri,
Ond ym mlwyddyn pedwar a phump
Mae'r hogia'n fy ngalw i'n "*wimp*"
A "dwy droed chwith sydd gen ti!"

Rydw i ar y fainc o hyd
A byth yn y tîm na dim byd,
Ond be'n y byd allai neud?
Mae hogie blwyddyn pump mor cŵl,
Os dadlwch chi'n ôl, 'dach chi'n ffŵl!
Dim ond *nhw* s'gen hawl i ddeud!

Yn 'rysgol fawr mae 'mrawd i, Tec,
Boi distaw iawn – un sill a chlec!
"Mae pawb yn i ddallt," medd Mam.
Daeth Tec i'r cae pêl-droed am awr –
Syllai'n graff ar yr hogia' mawr!
Nawr dwi'n y tîm – gesiwch pam?!

Dorothy Jones

39

Arwr y Berwyn

Daeth yr arwydd cudd!
"Heno fechgyn – mae'n amser!"
Gwefr ac ofn!
Cuddio'r faner goch a melyn
Fel cadwen angor 'gylch ein canol.
Dringo llechwraidd o Gorwen a Glyndyfrdwy.
Ai cysgodion neu elynion sy'n y creigiau?
Chwys oer a chalon yn pystylu'n ein clustiau.
Swatio fel grugieir yn y brwyn ar gopa'r Berwyn.
Ceffyl yn gweryru! Rhewi!
Gorwedd yn y corsdir heb symud gewyn,
Cynnwrf ac ofn yn corddi perfedd.
"Ust! peidiwch symud, tewch! tewch!"
Hen suo ym mhlu'r gweunydd
A chipial cadno o graig Maen Gwynedd.
Lleuad a chwmwl yn chwarae mig ymhell uwchben.
Lleisiau a pheswch! gwasgu wyneb i'r migwyn meddal.

40

"Ond rydym ni ar ein ffordd! Byddwn ni'n
perthyn! Haah!"
Suddodd y lleuad. Cri tylluan o goedwig
Llangynnog –
"Yr arwydd! Yn awr!"
Llamu! llithro! neidio! gwrando! cuddio! llithro eto!
I lawr, i lawr i Ddyffryn Mochnant.
Sleifio'n betrus i'r ogof ger y Pistyll –
Ac mae o yno – yn disgwyl!
Mae'r wawr wen yn torri dros y gororau.
"Rydym ni yn 'Hogiau Glyndŵr'!"

Dorothy Jones

41

Pwy yw hi?

Un ffrog, o liw orennau
Sydd gan f'arwres i,
A gwallt sy'n ddu fel canol nos.
Wyddoch chi pwy yw hi?

Un annwyl a charedig,
Yn helpu pawb o hyd,
Gwneud bwydydd blasus, maethlon
Yng Nghaffi gorau'r byd.

Ffrind Jac y Jwc a Jini
A llawer pryfyn bach,
Malwoden, deryn – Jac y Do
Mae hwn o hyd mewn strach.

Mae'n byw mewn Pentref bychan.
A wyddoch pwy yw hi?
Ia Sali Mali ydi hon
Hi yw f'arwres i.

Lis Jones

42

Arwres tŷ ni

Rhoi llaw am fy llaw wrth groesi'r ffordd brysur,
Bod yno yn gefn ar bob rhyw achlysur.
Anghofio'r ffrae, a maddau cas-eiriau,
Sychu fy nagrau a golchi fy mriwiau.
Gwrthod rhoi peltan er gwaethaf fy sgrechian,
Gwrthod rhoi mewn i fy swnian a hewian.
Rhoi bwyd ar y bwrdd, gwneud fy ngwallt, adrodd
stori
A chanu yn dawel, fy hoff hwiangerddi.

Lis Jones

Mot

Sa' tu ôl, rŵan, Mot
Sa' tu ôl, gwranda gi,
A dilyn fel cysgod
O'r tu ôl i mi.

Mae defaid o'r mynydd
Wedi dyfod i lawr,
Ac yn pori ar ganol
Y weirglodd yn awr.

Cer i ffwrdd, rŵan Mot,
Cer i ffwrdd, gyda'r clawdd,
Rwyt ti'n siŵr o gael blaen
Ar y defaid yn hawdd.

Closia Mot, tyrd â nhw
I gorlan Bryn Ddôl
I'w cadw yn saff
Nes daw rhywun i'w nôl.

Pan fydd pawb yn holi
"Pwy ddysgodd y ci?"
Wel Mot, cwyd dy gynffon,
A thyrd ataf fi.

Edgar Parry Williams

Fy arwr mawr i

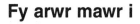

Mae gen i frawd sy'n arwr,
mae hwn yn arwr mawr,
a wir, dwi yn ei garu
yn fwy o awr i awr.

Mae'r teulu yn ei hoffi,
ein ffrindiau, a phawb drwy'r stryd,
y dre a'r sir yn gyfan,
a phawb drwy Gymru i gyd!

Fo ydi'r mwya llawen
o'r gogledd lawr i'r de,
dio rioed 'di bod yn greulon,
na dweud run gair o'i le.

Dio 'rioed drwy'i oes 'di rhegi,
na chwarae efo glud,
na pheintio hyd y waliau,
na mynd i ddwyn dim byd.

Mae gen i frawd sy'n arwr
na wnaeth 'run drwg erioed,
ond 'na fo, be sydd i'w ddisgwyl
dio'm ond yn ddeuddydd oed!

Tudur Dylan Jones

45

Nain

Mae Nain yn arwres,
A choeliwch chi fi,
Bydd pawb yn distewi
Pan welan nhw hi.

Os bydd Taid yn dwrdio
Fel dyn bach o'i go,
Fydd Nain ddim dau funud
Yn rhoi taw arno fo.

Tawelu bydd Mam,
A 'Nhad aiff yn fud,
Wrth weled fy Nain
Yn dod lawr y stryd.

Cefais fynd hefo Nain
Yn ei char lawr i'r dre
Hyd lôn digon cul
A dim llawer o le.

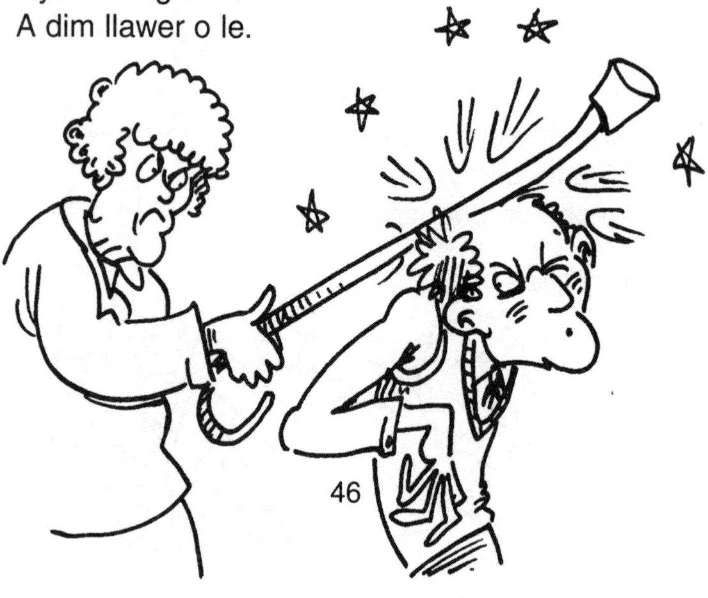

46

Daeth car i'n cyfarfod,
"*Reverse*," meddai'r dyn.
"No we," gwaeddodd Nain,
"Rifersia dy hun."

Lorïau a bysys
Sy'n neidio fel chwain
I ochor y draffordd
I wneud lle i Nain.

A wir, mae hi'n mynnu
Cael dod hefo fi,
Am wythnos i'r Steddfod
Mewn tent ar Faes B.

Ond, peidiwch â phoeni,
Mi gawn ddigon o hwyl
A sbri hefo Nain
Arwres yr Ŵyl.

Edgar Parry Williams

47

Gwyn y gwêl

Wrth ganu dan wyth
Yn Steddfod yr Urdd
Am gar bach coch
A thractor mawr gwyrdd,
"Gwell na Bryn Terfel
Ar lwyfannau Milan
A Thŷ Opera Sydney"
Oedd fy llais, meddai Mam.

Wrth chwarae pêl-droed
Mewn gornest dan naw,
A thaclo a driblo
Yng nghanol y baw,
"Gwell na Ryan Giggs
Yn chwarae dros Gymru"
Oedd fy sgiliau, medd Dad,
Roedd yn sicr o hynny.

48

Wrth sgwennu fy stori
At Steddfod y Llan
Am deulu ar wyliau
Mewn carafán,
"Gwell na T. Llew"
Meddai Nain, "ar fy ngwir,
Bydd yn ennill y Goron
A'r Gadair cyn hir."

Taid ydi'r callaf
Yn ein teulu ni,
Dan wincio yn slei,
Meddai'n glên wrthyf fi,
"Ti'n canu mewn tiwn,
Yn medru cicio pêl,
Yn sgwennwr di-fai
Ond, wel . . . gwyn y gwêl!"

Haf Roberts

49

Arwres ein teulu ni

Mae hon yn ifanc er ei bod hi yn hen,
Fe'n croesawa, bob un, gyda'i chlamp o wên.

Mae hi fel brenhines, er nad yw ond cyffredin:
Ei theyrnas yw ei theulu, ei thŷ a'i chegin.

Mae'n gweithio mor ddiwyd er ei bod 'di ymddeol,
Yn wir, mae'n brysurach na morgrugyn, fel rheol.

Mae'n un hael ei chymwynas, yn rhoi fesul coflaid,
Ond fe all hi ddweud "Na" yn reit bendant â'i llygaid.

Gall chwerthin a chwerthin, nes bron iawn fethu â
stopio!
Ond gall fod yn dawelach pan fo angen cysuro.

Mae ei chof hi'n hir, hir, ond eto – byr ydyw,
Erstalwm sydd glir; mwy cymylog yw heddiw.

Er ei bod erbyn hyn yn bur eiddil a main –
Rêl pladres o gymeriad yw fy Hen-Hen-Nain.

Ann (Bryniog) Davies

50

Arwyr y golau glas

Fflach las yn gwibio heibio,
Damwain neu rhywun yn sâl eto,
Paramedics ddaw i roi cysur,
Arwyr y golau glas – y gofalwyr.

Fflach las a mellten hir, goch,
A seiren fyddarol yn gweiddi'n groch,
Dynion tân ddaw at y dioddefwyr,
Arwyr y golau glas – y diffoddwyr.

Fflach las yn goleuo'r nos ddu,
Lladron wedi torri mewn i dŷ,
Heddlu ddaw i sicrhau diogelwch,
Arwyr y golau glas – rhoi llonyddwch.

Bethan Non

51

(Cafodd Steve Irwin ei ladd yn 2006 wrth iddo ffilmio pysgodyn 'stingray'. O Awstralia y deuai Steve, a châi ei adnabod fel 'the Crocodile Hunter'. Darllenodd ei ferch, Bindi, a oedd yn naw oed ar y pryd, ei theyrnged i'w thad mewn Gwasanaeth Coffa iddo. Gwnaeth hynny o flaen tyrfa o bum mil o bobl, ac yn gwylio'r digwyddiad ar y teledu roedd dros dri chan miliwn o wylwyr.)

Teyrnged Bindi Sue* (* ynganer fel 'Sŵ')

Dadi oedd fy arwr i.
Roedd o bob amser yno
yn llawn o hwyl wrth fy nysgu i,
ond hefyd, byddai'n gwrando.

Roedd ganddo waith arbennig iawn.
Byddai'n brysur iawn o hyd
yn magu ynof agwedd iach
tuag at fywyd gwyllt y byd.

Fe barchai bob anifail prin
drwy'i fywyd, dyna'r gwir.
Agorodd ysbyty i'r rhai sâl,
i'r rhai iach fe brynodd dir.

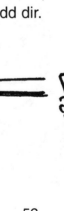

Fe ai â'm brawd a'm mam a fi
ar deithiau llawn rhyfeddod
i ffilmio natur yn y gwyllt
a thaclo crocodeilod.

Fe fynnaf finnau helpu
creaduriaid gwyllt y wlad
a gwarchod rheiny sy'n prinhau
yn union fel y gwnaeth 'nhad.

Fe gollaf fi ei gwmni.
Bob dydd hiraethaf fi.
Ond wnaiff ei waith fyth ddod i ben –
Dadi yw fy arwr i.

Ann (Bryniog) Davies

Os am chwilota mwy, ewch ir Safle We, ar
http://en.wikipedia.org/wiki/Bindi_Sue_Irwin

53

Santes y cariadon

"Ar Ionawr dau ddeg pump,
Wfft i *Valentine*!
Cofia yrru cerdyn,
I'th gariad," meddai Nain.

"Dwyn, Donwen, Dwynwen
Yr enwau arni hi,"
medd Nain mewn llais rhamantus
"Santes Cariadon Cymru weli di.

Merch y Brenin Brychan,
Oedd Dwynwen dlos, rinweddol,
A Maelon oedd mewn cariad,
Â'r ferch hardd dra rhyfeddol.

Ond Dwynwen oedd yn dduwiol,
A'i bryd ar fod yn lleian,
Gwrthododd gariad Maelon,
A'i galon oedd yn gwegian.

Mewn breuddwyd gafodd Dwynwen,
Fe yfodd ddiod melys,
Oerodd cariad Maelon,
A throi'n dalp o rew, yn barlys!

Aeth Dwynwen dlos yn lleian,
I Ynys Llanddwyn bell,
A thoddodd Maelon druan,
A chwilio am fywyd gwell.

A dyna i ti'r stori,
Am ein Santes Dwynwen ni,
Pryn gerdyn i'th anwylyd,
Er cof amdani hi."

Bethan Non

LLANDDWYN

Tanni Grey Thomson

A oes bonesig ddewrach
Na Tanni o Gaerdydd?
Fe chwalodd furia'i charchar
A llwyddo torri'n rhydd.

Nid cadair oedd ond roced
Yn gwibio fel y gwynt
A hithau oedd y peilot
Yn gyrru ar ei hynt.

Ei chwpwrdd llond medalau
A festiau y ddraig goch
Fe dorrodd pob un record
A'r dorf yn gweiddi'n groch.

Chwe medal aur sydd ganddi
Am drechu'r marathon
Wnaeth ôl yr holl filltiroedd
Ddim cleisio'r galon lon.

Fe aeth i'r Paralympics
I frwydro yno'n daer
Daeth 'nôl â phymtheg medal
Ac un ar ddeg yn aur.

Mae hi yn gwir ysgogi
Pob un sydd yn ei chwrdd
I wneud y gorau bosib
Gan hel y rhwystrau i ffwrdd.

Beth bynnag oedd y broblem
A ddaeth o bedwar ban
Gwnaeth Tanni Grey oresgyn
Pob her a ddaeth i'w rhan.

Gwenno Dafydd

57

Jemeima Niclas

Roedd Abergwaun yn ferw
Rhyw fore s'lawer dydd
Gorweddai tair llong Ffrengig
Ar angor ger y tir.

I fyny'r llwybyr creigiog
O Garreg Wastad draw
Y dringai'r Ffrancwyr rheibus
A'u gynnau yn eu llaw.

I ffermdy hardd Trehowel
Ymlwybrodd llawer dyn
A llyncu'r wledd briodasol
Tra meddwodd mwy nag un.

Ar draws y ffordd yn Bristgarn
Roedd sain yr hen dic-toc
Yn swnio'i un fel soldiwr
A saethodd at y cloc.

Trwy'r sir i gyd daeth hanes
Am lanio'r Ffrancod blin
A Knox a Cawdor gasglodd
Eu dynion bob yn un.

Y fro i gyd ddychrynodd
Pob enaid gafodd fraw
Amddiffyn wnaeth pob pladur
Pob picfforch, ffon a rhaw.

O Abergwaun daeth menyw
"Jemeima Fawr" oedd hi
Arweiniodd griw o ferched
Yn fintai gochlyd lu.

Fe aethant lan i gopa
Bryn bach tu hwnt i'r dref
A cherdded rownd e ganwaith
Fel byddin enfawr gref.

Fe lusgwyd bron i bymtheg
O'r Ffrancwyr rheibus blêr
Gan globen gref ei hunan
I garchar, dan y sêr.

Fe sobrodd yr arweinwyr
I'r "Dderwen" aethant hwy
Arwyddwyd trefn cyfiawnder
A rhyfel ni bu mwy.

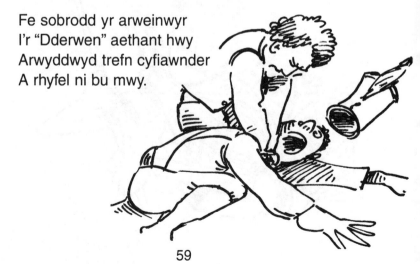

I lawr i'r traeth yng Ngwdig
Fe aeth y trueiniaid ffôl
A gollwng oll eu harfau,
Heb urddas, ar eu hôl.

Ond gwir arwres cyffro
Y frwydr ym Mhencaer
Oedd crydd, Jemeima Niclas
Pob clod i'w merched taer.

Lowri Catrin Williams a Gwenno Dafydd

Ar gefn ei geffyl

*(Mae cerflun newydd o Owain Glyndwr ar gefn
ei geffyl rhyfel yng nghanol tref Corwen.)*

Ar gefn ei geffyl du
Eistedda dywysog haearn.
Popeth yn ddu,
Cleddyf, helmed, llygaid ffyrnig.
Delw a'i osgo gadarn herfeiddiol
Yn atgof o'i orffennol.

Yng ngwynfyd fy mywyd
Eisteddaf a syllaf ar dduwch gosgeiddig.
Popeth yn dda.
"Ymlaen, ymlaen at dy yfory," dyna neges
Fy arwr, Owain,
O uchelfan ei bresennol.

Mari Tudor

61

Graf

(Er cof annwyl am Ray Gravell.)

Cefaist dy ddewis
Yn laslanc
I ddangos dy ddoniau a'th dalent
Ar faes y gad –
Ar gae rygbi'r genedl.
Arwr.

Cefaist dy ddewis eilwaith
Yn ŵr yn ei oed a'i amser
I ddangos dy wên a'th wroldeb
Ar faes y gad –
O gwmpas bwrdd te'r genedl.
Gwir arwr.

Carys Jones

62

Glowyr

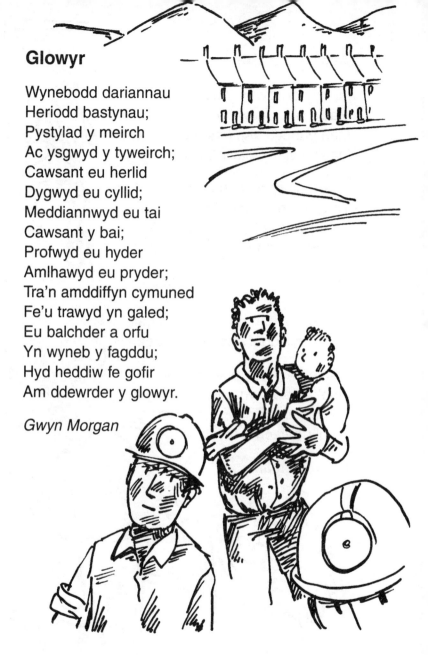

Wynebodd dariannau
Heriodd bastynau;
Pystylad y meirch
Ac ysgwyd y tyweirch;
Cawsant eu herlid
Dygwyd eu cyllid;
Meddiannwyd eu tai
Cawsant y bai;
Profwyd eu hyder
Amlhawyd eu pryder;
Tra'n amddiffyn cymuned
Fe'u trawyd yn galed;
Eu balchder a orfu
Yn wyneb y fagddu;
Hyd heddiw fe gofir
Am ddewrder y glowyr.

Gwyn Morgan

63

Arwr y dosbarth

Fe ydy drwgyn y dosbarth
Mae'n arwr mawr gen i,
Mae ganddo wg, mae ganddo wep
Mae'n cyfarth nawr fel ci.

Mae'n dawnsio gyda Miss neu Syr,
Yn clebran gyda'r gorau,
Breuddwydia hyd y dydd yn llon
Wnaiff e ddim gorffen symiau.

Mae'n seinio cân, yn yngan cri,
Mae'r stumiau hyd yr eithaf,
Mae'n ffŵl pan ddylai fod yn gall
Rhaid cyfaddef – fe yw'r gwaethaf

Mae'n arwr pur, does neb fel fe,
Mae'n glown, yn odrwydd gwych!
Pob bore, dwi'n edrych arno
Yn glir o flaen y drych.

Gwyn Morgan

64

Mam, wrth aros bws ysgol

Diwrnod oer, y gwynt ar ei waethaf
Chwipiodd y gwynt o un pen i'r eithaf;
Lapiodd ei breichiau yn dynn am ei chanol
Tra gwibiai'r ceir oddeutu yr heol
Heibio'r ffurf unig ar ymyl ffordd bywyd
Yn hirymaros a'r hin yn rhewllyd.
Y hi yw arwyddbost a'i henw yw cariad
Rhyfeddod di-ildio yng nghanol y cread.

Gwyn Morgan

Barbie

Mae Barbie bob amser yn edrych mor bert,
'Dio'm bwys be' mae'n wisgo, trowsus neu sgert.
Ei gwallt sydd mor felyn, a'i chroen hi mor iach,
Ddim fatha fi, efo spots a gwallt bach!

Mae ganddi ddigonedd o arian a ffrindia',
Ac i wledydd pell yr eith ar ei gwylia'.
Ceir cyflym, tŷ crand a chariad fel Ken
A be' sydd gen i? Fy nghi bach, 'r hen Ben!

Os ddowch chi un noson draw i'n tŷ ni,
Mi gwrddwch â phedair neu bump o'ni hi.
O Barbie! dwi'n ysu o hyd ac o hyd
Am gyfle i fod yn rhan o dy fyd.

Sandra Anne Morris

Taid

Mi ddaw i'm nôl bob Sadwrn, i fynd i'r gêm bêl-droed,
Ac yna eto ar y Sul, mi aiff â'r ci i'r coed.
Ma'n mynd a fi i nofio heb gwyno bob nos Iau,
Fo ydi fy ffrind gora', 'di ddrws o byth ar gau.

Mi ga i sgidia' newydd os awn am dro i'r dre,
Ac yna stopio mewn siop jîps er mwyn i mi gael te.
'Dio 'rioed 'di codi lais, a tydio byth yn gas,
Mae'r cariad sy'n ei lygaid yn rhoi imi ryw ias.

Fo ydi'r arwr mwya' o holl arwyr y byd,
Dwi'n gwybod bydd o yno yn gefn i mi o hyd.
Felly sgwennu cerdd a wnes i, a chanmol mawr
oedd raid,
Am ba mor fendigedig yw fy annwyl daid.

Sandra Anne Morris

67

Superman

Fel seren wîb aiff heibio
yn lliwiau coch a glas,
gan drio achub y rhai da
a dymchwel y rhai cas.

Boed hynny ar ben mynydd,
Neu ddyfroedd dyfnion mawr,
Mi fydd yn barod ganol nos,
Ac eto doriad gwawr.

Sut mae o'n cario'r creigiau
A'r adeiladau cry'?
A tydio byth yn chwysu
A blino fel 'rwyf fi.

Ar ôl 'mi dyfu fyny
a pheidio bod mor wan,
Gobeithio ga i joban
Yn helpu *Superman*.

Sandra Anne Morris

Joe Calzaghe

Bwrw. Bwrw.
Does dim yn fwy garw
na bwrw
a chael dy fwrw.

Y rhaffau'n cau amdanat
heb gornel i ffoi iddi
a'r dorf yn galw, galw
am fwrw,
mwy o fwrw.

Y golau'n tasgu arnat –
llygad mawr y byd;
marblis chwys ar dalcen,
blas gwaed yn dy geg
a'r traed yn dal i ddawnsio
rhag i'r golau gael ei fwrw mas.

Deng mlynedd tu ôl i'r dyrnau,
deng mlynedd â'r haul yn gwenu,
ond yn ei ben
yr un yw'r twrw:
bwrw, bwrw.

Huw Daniel

69

Y bychan hwn

Mae'i arwyr e yn crwydro stryd a ffridd,
Yn ymbil ar gornelau'r Farchnad Fawr;
Yn canu am ei ginio hyd y dydd
Yn gorwedd gyda'i gi ar hyd y llawr.
Daw, ambell dro i gnocio ar ein dôr
I brynu llun neu docyn yma' thraw;
Daw gyda'r engyl a'i angylaidd gôr
Daw'r bychan hwn mewn hindda ac mewn glaw.
Mae'r bonwr ar ryw bererindod bêr
Fe'i crëwyd, do, ar lun a delw Duw;
Mae'n rhan o'r greadigaeth oll a'r sêr
Mae'n frenin tra-rhagorol onid yw?
Gwae ni am weld y carpiau yno'n wawd
Ac anwybyddu'r syndod yn y cnawd.

Gwyn Morgan

Cerddi Lloerig
Eraill!